Seelengarten

von

Ute Haarhuis

Ein Gedankenblumenstrauß

Herstellung und Verlag:
BoD - Books on Demand, Norderstedt
ISBN 978-3-7347-6378-6

Liebe Leser,

als Teenager habe ich angefangen, meine Gedanken und Gefühle in Form kleiner Gedichte auf Papier zu bringen.

Diese Texte sind entstanden in der Zeit von 1989 – 2005.

Ihre Ute Haarhuis, 2015

Inhalt:

Ich mag es 9
Selbstverständlich 10
Warum? 11
Zwei Steine 14
Spielzeug 16
2. Versuch 17
Tränen 19
Freunde 20
Bald 21
Ein Kuss 22
Liebe 23
Bei Dir 24
Fragen 25
Wer bin ich 26
Körper 27
Droge 28
Es ist schön 29
Ich will 30
Ohne Dich 31
SIE 32
Die Freundin 34
Etwas Besonderes 35
DU 36

Gemeinsam 37
Traum 38
Eine Zeit 39
Wirkliche Liebe 40
Klausur 42
Sinnvoll 44
Mein Wanderführer 45
Ich werde verrückt 46
Wege 47
Lebenskunst 48
Danke 49
Hanna 50
Nähe 51
Die Erinnerung 52
Menschen 53
Eine Mauer 54
Blau 56
Gedanken - Gefühle 57
Zeit 59
Traum 60
Sehnsucht 61
Augen 62
Am Meer 63
Feuer 64
Begehren 65

Tiefes Gesicht	66
Gehalten	68
Umarmung	69
Magnet	70
Tanz	71
Vernunft	72
Stumme Schreie	73
Heimkehr	75
Gehen lassen	76
Angst	78
Deine Augen	79
Wege	80
Zauberer	81
Feuer	82
Für Dich	83
Sieger	84
Sonnenstrahlen	85
Danke	87
Hände	88
Plötzlich	89
Momente	90
Gedanken	91
Ich will nicht mehr!	92
Zärtliches Gefühl	93
Begegnung	94

Immer Wieder	95
Wurzeln	96
Fliegen	97
Song	98
Magie	99
Perlen	100
Ausdruck	101
Mit Dir	102
Meine Sonne	103
Im Mondschein	104
Heimkehr	105
Auf dem Meer	106
Mein Engel	107
Sternschnuppe	108
Musik	109
Weit weg	111
Unerreichbar	112
Abschied	113
Auf dem Weg	115

Ich mag es

Ich mag es,
wenn Du zusammen mit mir lachst.
Ich mag es,
wenn wir wie zwei Verrückte
herumalbern.
Ich mag es,
wenn Du mir leise etwas ins Ohr
flüsterst
und ich dabei sanft Deinen Atem
spüre.
Ich mag es,
wenn Du meine Hände festhältst und
mitmeinen Fingern herumspielst.
All das mag ich, weil DU derjenige bist,
der all das tut.
Ich mag es, ... denn.
Ich mag Dich!

Selbstverständlich

Ich kann gehen, laufen, hüpfen und springen,
eigentlich selbstverständlich.
Ich kann sehen, hören und sprechen,
auch selbstverständlich.
Ich kann leben,
denn selbstverständlich bin ich gesund.
Doch genauso selbstverständlich
Könnte ich krank sein.
Schwer krank sogar.
Vielleicht könnte ich nicht mehr lachen
Und mich frei bewegen,
vielleicht könnte ich mich an nichts mehr erfreuen.
Vielleicht wäre LEBEN,
was vorher selbstverständlich erschien,
ein unerreichbares Ziel.

Warum?

Warum bin ich nicht wie alle anderen?
Warum lerne ich nicht jemanden
kennen wie alle anderen?
Warum verliebe ich mich denn
(wenn ich mich überhaupt schon mal
verliebe) in den Falschen?
Erst war ER es, doch er war noch zu
jung und unerfahren,
trotzdem, ich mag ihn immer noch.
Doch bei ihm hatte ich nie das Gefühl
von Schmetterlingen im Bauch.

Und jetzt bist DU es, in den ich mich
verliebt habe, und,
ich habe Schmetterlinge in meinem
Bauch,
wenn ich Dich sehe, oder wenn ich an
Dich denke,
oder, wenn Du vor mir stehst und mir
in die Augen schaust.

Warum, frag ich mich nur die ganz
Zeit.
Warum gerade DU?

Ich weiß, dass meine Liebe zu Dir, falls es überhaupt Liebe ist,
keine Chance hat, geschweige denn eine Zukunft.
Du hast eine Andere, und SIE liebst du.
Und auch wenn es sie nicht gäbe,
würde es nur Probleme geben, glaube ich.
Und außerdem werde ich nächstes Jahr sowieso nicht mehr hier sein.

Also, warum zerbreche ich mir dann überhaupt den Kopf über Dich?

Tja, WARUM nur???

Wunsch

Du erscheinst, und in mir wirbelt alles,
ich könnte mich stundenlang mit Dir
unterhalten, Dich ansehen, Dich
berühren, ich sehne mich regelrecht
danach.

Doch erscheinst Du mit Ihr, bleibt unser
Gespräch sachlich, ich schaue Dich
lieber nicht an, denn sonst sähe Sie
den Ausdruck in meinen Augen.

Und wenn Sie Dich berührt und
zärtlich ist zu Dir, ist es für mich, als
würde sie immer wieder einen spitzen
Gegenstand in meine Magengrube
stechen.

Wenn ihr zusammen da seid, meide
ich euch, denn ich fühle mich
überflüssig. Ach, Du weißt gar nicht,
wie sehr ich mir wünsche,
Du wärest mit MIR zusammen,
aber das wird wohl immer ein Wunsch
bleiben.

Zwei Steine

Ich, ein kleines Gänseblümchen
Wächst zwischen zwei Steinen auf.
Der eine Stein ist spitz und kantig.
Ich stoße mich ständig an ihm,
während er versucht mich zu
überrollen,
mit Erfolg.

Der andere Stein dagegen ist rund,
eben und glatt und ein wunderschönes
und seltenes Exemplar.
Dieser Stein könnte mir so viel Schutz
und Geborgenheit geben,
doch er lässt es zu, dass der Spitze und
Kantige mich immer wieder überrollt.

Denn diese Steine gehören zusammen,
sie haben sich extra dort
niedergelassen,
damit sie zusammen alt werden
können.
Nur hat keiner damit gerechnet,
daß zwischen diesen Steinen einmal
ein Gänseblümchen wachsen wird,

und dieses Blümchen sieht ganz so
aus, als würde es noch sehr viel
wachsen.

Und wer weiß, vielleicht gelingt es ihm
eines Tages, den spitzen Stein mit
seinen starken Wurzeln von sich zu
rücken, denn dann könnte sich das
kleine Gänseblümchen
voll entfalten.

Spielzeug

Ich habe Dich gemocht.
Ich habe Dich verehrt.
Ich dachte auch, Du hättest mich gemocht.

Doch für Dich war es nur ein Spiel.
Du sagtest Du könntest nicht NEIN sagen.
Ich war Dein Spielzeug.

Das Dumme ist,
ich habe es nicht gemerkt.
Das heißt, ich wollte es gar nicht merken.
Denn ich war gern Dein Spielzeug.

Doch als ich erfahren habe,
dass Du auch andere Spielzeuge hast,
da wollte ich plötzlich nicht mehr Dein Spielzeug sein.

2. Versuch

Wir haben schon einmal einen
Schlussstrich unter unsere Beziehung
gesetzt.
Damals sagten wir, es wäre nicht das
gewesen, was man so richtig LIEBE
nennt.
Nun ist etwas Zeit vergangen und
Wir sind uns zum 2. Mal wieder sehr
nahe gekommen.
Jetzt frag ich mich, ob es eine
Wiederholung
Oder einen Neuanfang gibt.
Ich weiß ganz genau, dass ich Dich die
ganze Zeit,
auch als wir eigentlich nicht mehr
zusammen waren,
immer noch wahnsinnig gern hatte,
und mich jedes Mal der Gedanke
quälte,
dass Du inzwischen jemand anderem
gehören könntest.
Deshalb finde ich es auch schön,
dass wir wieder zusammen sind,

und ich merke, dass meine Gefühle
bereit sind, zu wachsen.
Ist es ein zweiter Versuch wert?!

Tränen

Ich hab einmal gesagt,
dass Du mich nie weinen sehen wirst.
Doch Du weißt gar nicht,
wie viele kleine Tränen ich schon wegen
Dir geweint habe.
Nur, wenn ich denke,
Du wärest eine dieser Tränen,
ich hörte sofort auf zu weinen,
denn ich könnte Dich verlieren!

Freunde

WIR
Machen vieles gemeinsam
WIR
Lachen ständig zusammen
WIR
Können über alles miteinander reden
WIR
Lernen den anderen so zu akzeptieren
wie er ist
WIR
Verstehen uns einfach blendend

Denn WIR sind Freunde und
werden es hoffentlich noch lange
bleiben!

Bald

Bald bin ich weg
Bald muss ich meine Familie
Und meine Freunde verlassen.
Bald muss ich DICH verlassen.
Bald werde ich nur noch am
Wochenende hier sein, wenn überhaupt.

Und dann habt ihr mich bald
vergessen.
Und Du hast bald eine andere
Freundin.
Wie ich diesen Gedanken hasse.
Und schon bald ist MORGEN.

Ich habe Angst vor Morgen
Sehr große sogar....

Ein Kuss

Ein Kuss,
so einfach zu schreiben,
so einfach zu sprechen,
aber so schwer zu geben.

Kuss ist nicht Kuss.
Ich habe schon oft geküsst oder wurde
geküsst, aber noch nie von DIR.

Ist es denn so schwer, sich in die Augen
zu sehen, sich langsam näher zu
kommen, und die Berührung der
Lippen zu spüren?
Ja, es ist verdammt schwer!

Wie oft schon habe ich mir vorgestellt,
wie sich unsere Lippen sanft berühren.
Ein wundervolles Gefühl.
Doch jedes Mal, wenn ich, wenn Du,
wenn wir die Chance hätten, es zu
versuchen, tun wir etwas anderes,
und zurück bleibt mein sehnlichster
Wunsch, Dich zu küssen

Liebe

Ein Samen
Erde
Regen
Sonne

Der Samen fängt an zu sprossen

Regen
Sonne

Es wachsen Blätter

Wind
Sturm

Der Stängel biegt sich

Regen
Sonne

Eine prächtige Blüte entwickelt sich

Ich will dafür sorgen,
dass diese Blume nie verwelken wird.

Bei Dir

92 km – getrennt -!
Doch ich bin bei Dir!

Nur Wochenendbesuche!
Doch DU bist bei mir!

Deine Stimme am Telefon!
Doch ich bin bei Dir!

Nur Fotos von Dir in meiner Hand!
Doch Du bist bei mir1

92 km – nur eine räumliche Trennung -!
Denn Du bist IMMER bei mir!

Weil ich Dich liebe!

Fragen

Ich sitze hier!
- Wo sitze ich hier? -
Ich sehe nach vorne, nach hinten,
nach oben, nach unten,
doch ich weiß nicht wohin!
So viele Fragen, Aufgaben,
Anforderungen,
Erwartungen, Menschen und
Situationen.

- Was soll ich tun? -
- Warum und Wofür? -
 Wo ist der rote Faden, der mir meinen
Weg zeigt?
Fragen,
auf die ich noch verzweifelt eine
Antwort suche!

Wer bin ich

Was will ich
Was tue ich
Ich weiß nicht, wo ich stehe
Ich handele entgegen meinem Denken
Ich verletze Menschen, die ich
eigentlich liebe
Um mir meinen Stolz zu beweisen
Warum??
Mir geht es gut
Ich habe eine Familie, die sich um mich
sorgt
Jemanden, der mich liebt
Arbeit, Geld
Trotzdem geht es mir beschissen
Warum??
Ich will den Zustand ändern,
doch wie
Zeit, was ist das, wie wertvoll ist sie
Und wie nutzt man sie am Besten

Ein Ziel, WO ist mein Ziel
Ich suche und suche

Ich finde es nicht!

Körper

Haut
Jeder Zentimeter anders strukturiert
Ein überwältigendes Kribbeln,
Elektrisieren
Bei jeder zärtlichen Berührung
Strom,
Der jeden Muskel zucken lässt
Zart, warm, angenehm weich
Wenn wir zusammen liegen,
Dem Verschmelzen nahe!
Ein aufregendes Gefühl,
Jeden Zentimeter Deines Körpers
mit meinen Fingern und meiner
Zunge
zu erforschen!

Droge

Neu – Fantastisch
Rausch – Ekstase – Fliegen
Der Wunsch, sich immer in diesem
Zustand befinden zu können
Verlangen – Lust
Begierde – Sucht
Wahnsinnig großartig
Doch erschreckend gefährlich
Eine Sucht, die tödlich werden kann...
Die Sucht nach DIR!

Es ist schön

Es ist schön
Ich hab es vorher nie gefühlt
Nicht allein sein
Zu jemandem gehören
Sich geborgen fühlen
Glücklich sein

Warum kann ich dieses Glück
Nicht vollkommen genießen
Mich gehen lassen
Mich fallen lassen in Dir
Dich so hemmungslos lieben
Wie mein Herz es tut

Mein Verstand sieht überall
Probleme, Gefahren, Feinde
Ich möchte meinen Verstand
Endlich ausschalten
Und nur meinem Herzen folgen
Dich hemmungslos lieben

Ich kann es

Ich will

Zärtlich sein zu Dir
Doch ich kann nicht
Ich will Dich streicheln
Doch ich trau mich nicht
Ich will Dich küssen
Doch ich habe Angst

Ich glaube
Wenn ich Dich streichele
Ist nur Deine Haut berührt
Nicht Dein Herz
Wenn ich Dich küsse
Sind es nur Deine Lippen
Nicht Dein Gefühl

Ich weiß aber
Dass Du fühlst
Dass Du mich fühlst

Lass mich Dir nahe sein
Wehre mich nicht ab
Lass mich nicht kalt
Ich bin zu heiß

Ohne Dich

Es ist grausam
Ich bin so allein
Die Decke fällt mir auf den Kopf
Es könnte alles so schön sein
Doch ich weiß nichts mit mir anzufangen
Jede Minute ohne Dich ist sinnlos und verschenkt
Dieses Gefühl in mir erschreckt mich
Jeder andere würde nie so denken
Nichts macht mir Spaß ohne Dich
Ich bin nur ein halber Mensch ohne Dich
Was soll ich nur tun ohne Dich
Ich will so gerne unabhängig sein von Dir
Doch was ich auch tue, ich glaube
Ich schaffe es nicht
Ohne Dich!

SIE

Ich glaube Du liebst Sie immer noch,
Deine große Liebe! Du beteuerst zwar,
dass es vorbei ist, aber ich fürchte, dass
es nicht stimmt.

Du sagst, Du liebst mich, doch Du
würdest gehen, wenn Sie Dich würde
wieder haben wollen.

Deshalb hast Du auch Angst, Dich zu
binden, denn Du würdest Dir nicht die
Beste in Deinem Leben nehmen.
So viele Erinnerungen, Bilder,
Geschenke von ihr, die zwischen Dir
und mir stehen.

Dein Herz wird niemals nur für mich
schlagen, es macht mich so
wahnsinnig traurig.
Ich möchte so gerne Deine aufrichtige
Liebe, nicht kombiniert mit Gefühlen,
die nicht mir gelten.

Angst, Dich an Erinnerungen und
Vergangenem
Zu verlieren....

Die Freundin

Du gibst mir Stärke, weil,
Du glaubst an mich, vertraust mir
Und liebst mich.

Viele Gemeinsamkeiten,
unsere Empfindungen
Haben aus uns Freunde gemacht.

Die Freude, dich zu sehen,
dich zu hören,
mit dir zu reden,
Dir zuzuhören,
Gemeinsam mit Dir lachen

Ein Band, das uns verbindet,
ohne Knoten, ohne Schleife
auch wenn mal der Eine, mal der
Andere
an dem Ende zerrt

Es wird halten!

DU
Einfach unsagbar wichtig für mich!

Etwas Besonderes

Leicht,
etwas Besonderes zu wollen
Leicht,
etwas Besonderes zu tun
Leicht,
etwas Besonderes zu erreichen
aber schwer,
etwas Besonderes zu sein

Du bist humorvoll, dynamisch, witzig,
und interessant, ehrgeizig, intelligent
und liebevoll, phantasievoll, großherzig
und ehrlich, aufgeschlossen aber
verletzbar

Du bist direkt und impulsiv,
sehr streng und anspruchsvoll
zeigst manchmal eine harte Fassade
mit einem sehr weichen Kern dahinter

Das BIST DU

Ich wünsche mir, daß DU so bleibst wie
DU bist: Etwas ganz BESONDERES

DU

Die ebenmäßigen Linien
Deines Gesichts,
ewig vertraut

Die Sprache
Deiner Augen,
ich verstehe sie

Die Stimme
Deines Herzens
Ich höre sie

Du stehst vor dem Spiegel
Und mein Gesicht
Meine Augen
Mein Herz

Zeigen Dir ihre Liebe
Niemals genug

Gemeinsam

Das Leben führt durch viele Straßen,
manche sind gut ausgebaut,
beschildert,
andere sehr steil, holprig und
beschwerlich
einige erweisen sich sogar als enge
Sackgasse

Gemeinsam wird jeder steinige Weg
wieder eben,
die Steigung weniger beschwerlich
und so manche Sackgasse hat am
Ende
einen kleinen Trampelpfad
über den man mühelos die große
Hauptstraße erreicht!

Traum

So nah und real
so schillernd und farbig
so verschwommen fast fremd
und unwirklich

- und doch -

Vertrautheit und Wärme
Umgeben Dich
Lassen Dich erwachen
Mit einem Lächeln auf dem Gesicht

Halt ihn fest Deinen Traum

Eine Zeit

Ein Tag
Ein Fest
Eine Stunde

Zwei Menschen
Zwei Blicke

Ein Augenblick
Ein Gefühl

Zwei paar Füße auf
Einem Weg in
Eine Richtung

Ist das wohl Liebe?

Wirkliche Liebe

Sieht nur die Blüten einer Rose
Nicht aber die Dornen
Auch wenn diese bei Berührung stechen,
so schmerzt es nicht

ohne Dornen keine Rosen

Wirkliche Liebe
Sieht am Himmel auch hinter dicken Wolken
Die Sonnenstrahlen, die sich versuchen,
durch das Dickicht zu kämpfen.
Auch die grauen Wolken lässt sie schön aussehen

Wirkliche Liebe
Umarmt Dich und gibt Dir Geborgenheit
Und nimmt Dir trotzdem nicht die Chance,
Dich vollends zu entfalten,
Dich umzudrehen,

nach oben und unten,
nach vorn und nach hinten zu
schauen

Sie öffnet ihre Arme,
wenn DU es möchtest
und sie nimmt Dich wieder auf,
wenn Du es willst.

Klausur

Drinnen und draußen
Was ist innen? Was ist außen?
Alles ist voll und trotzdem leer
Alles so schwer in mir
Warum bin ich zu leicht?

Ich bestehe nur aus einer Kugel
MEIN BAUCH
Ist er voll oder ist er leer?

Beides drückt, tut weh, ist
unangenehm
ER ist kurz davor zu platzen
Was hält ihn nur davon ab?

Draußen ist Leben, Sonne, Wärme,
Menschen, Freude, Musik, Liebe,
Lichter, Spaß und Lust
Wieso sitze ich hier drinnen?

Ich höre die Menschen, die Musik, das
Lachen, ich sehe die Sonne. Wieso
werde ich in meinem Zimmer nicht
warm?

Dick

Essen, Zahlen, Waage,
Magen, Darm, Blase,
Wichtige Elemente
Sind das die elementaren Dinge in
meinem Leben?

Sie stoßen, sie drücken mich,
machen mich klein und schwer.

Kalorien, Fette, Verbrennung,
Stärke oder Schwäche,
Bin ich gut bin ich schlecht

Erwartungen,
meine und die der Anderen
Wo soll ich nur hin,

Mein Magen drückt,
mein Hals schwillt an
und alles wird dick!

Sinnvoll

Mit jeder Faser Deines Herzens
Fühlen

Mit jeder Zelle Deiner Haut
Spüren

Geräusche und Laute
Wahrnehmen

Und sie mit anderen Ohren
Hören

Den Geschmack von süßen Früchten
Schmecken

Die Welt mit Deinen Augen
Sehen

Ein Gefühl von unendlicher Freiheit

Mein Wanderführer

Du zeigst mir Steine, Wege und Pflanzen
Da sind die Berge und Wälder
Am Himmel nur Sonne und kleine Wölkchen

Beim Atmen die Ruhe spüren
In Deine Geschichten und Erzählungen
Deine Empfindungen eintauchen
Wie in frisches Quellwasser

Dir zuhören und die Zeit vergessen

Ich werde verrückt

Schlaflose Nächte,
mein Herz zerspringt in meiner Brust
überall ist Wärme und ein
überdimensionales Kribbeln
Es sind Funken und Blitze vor meinen
Augen

Eine Unruhe in mir treibt mich zum
Wahnsinn
Ich spüre – ich will
Ich denke – ich darf doch nicht, Stopp!
Ich fühle – ich möchte schreien

Schreien vor Angst, vor Freude,
vor Erleichterung, vor Liebe, vor
Befreiung

Mache ich einen großen Fehler?

Wege

In der Mitte
Stehe ich
In alle Richtungen läuft ein Weg
Welchen soll ich gehen
Zurück – nein
Vor   – Ja
Bei keinem scheint das Ziel nah
Jeder sieht anders aus
Auf jedem strahlt die Sonne
In einem anderen Winkel
Bleibe ich stehen,
werde ich niemals irgendwo
ankommen
hätte ich doch einen Kompass

Lebenskunst

Sterne
Manche heller und klarer als andere
Näher und ferner
Suche Dir einen aus
Greife nach ihm
Halte ihn fest
Aber verliere dabei nie
Den Kontakt mit der Erde

Das ist Kunst

Danke

Ganz eintauchen
In warmes ruhiges frisches
Meerwasser
Sich treiben lassen
Ohne unterzugehen
Fallen lassen ohne zu fallen

So habe ich mich in Ihren Händen
gefühlt!

Hanna

Wege, die sich kreuzen
Unsere Wege
Ein Stück gemeinsam gehen
Sich wohl fühlen, genießen,
Sich freuen, sich vertrauen,
sich lieben

Die Hand des anderen,
stark und warm,
Sie führt Dich mit geschlossenen
Augen.
Loslassen fällt schwer

Wege, die sich trennen
Unsere Wege
Ein Stück allein gehen
Wissen, der andere ist trotzdem da
Bis sich die Wege wieder kreuzen
Unsere Wege

Nähe

Den Anderen suchen,
finden wollen,
erfahren
sich öffnen
ohne Angst
Anziehungskraft
Die unbeeinflussbar scheint
Sich in der Nähe des Anderen verlieren
Dich finden,
Dich erkennen,
Dir nahe sein
Und mich dabei finden
Ein unbeschreibliches Gefühl

Die Erinnerung

Wie Musik,
die Dich mit ihren sanften
ruhigen Klängen
in Harmonie und Frieden wiegt,
die Dir ein wehmütiges Lächeln
auf die Lippen zaubert!

Auch wenn ich Dich schon längst
vergessen haben sollte
Ich denke immerzu an Dich!

Menschen

Manche laufen vorüber
Ganz nah,
doch sie berühren Dich nicht
Du siehst sie,
doch sie hinterlassen keine Spuren

Menschen,
sie bleiben stehen,
Du schaust sie an,
Du glaubst sie zu kennen,
Du weißt ihren Namen,
doch sie gehen weiter

Ihr Name, wie war er doch gleich?

Menschen,
Du triffst sie,
und sie betreten Dein Herz,
die Begegnung
zaubert ein Lächeln auf Deine Lippen

Wenn sie weiter gehen bleibt eine Leere!

Eine Mauer

Von Tag zu Tag
Von Jahr zu Jahr
Gewachsen, dicker und höher
Scheinbar undurchdringlich
Unüberwindbar

Dahinter
Die Wahre, die Echte
So klein, so verletzbar,
so allein, so einsam

der Weg scheint auch von dort
unmöglich
zwischen den Steinen,
kleine, lose Felsbrocken
sogar kleine, zerbrechliche Pflanzen
wachsen hier und da

ab und zu,
ein Licht scheint durch
von der anderen Seite
sie möchte so gern rüber,
sich zeigen, erkannt werden,

geliebt werden,
so wie sie ist,
ihren Weg gehen

Wer mag über diese Mauer klettern,
sie herüber holen,
oder ihr den Weg weisen?!

Blau

Blau,
wie das Wasser,
rein, frisch, kühl, undurchschaubar,
geheimnisvoll aber trotzdem
weich und warm

Blau
Wie der Himmel so nah, so weit,
voller Freiheit und Leben und Frieden

Blau
Das Dich umgibt, Dich umarmt,
Dich beschützt
Manchmal hell, froh, optimistisch
Und lebendig
Dann auch dunkel, voller Angst,
Sorge und Not

Blau
Das sich mit gelb und rot vermischt
Und eine andere Einheit bildet
Wunderschön und einzigartig
So wie DU bist ist Deine Farbe:
Blau

Gedanken - Gefühle

Gedanken,
so schnell, manchmal zu schnell weg
aber da, immer wieder
so einfach
aber richtig und wahr?

Gedanken,
ein Produkt unserer Phantasie
sind veränderbar und zu beeinflussen

Gefühle,
sind da, manchmal plötzlich und unerwartet,
ganz langsam, heftig, intensiv
und von Grund auf ehrlich

Gefühle,
Du kannst sie nicht regulieren,
sie sind in Dir und bestimmen Dein
Tun, Dein Handeln, Dein Denken,

Deine Gedanken, sie kannst Du
abstellen, in eine andere Richtung
lenken,
nicht aber Deine
Gefühle,
Dein Innerstes, Deine Liebe,
Deine Träume, Deine Freude
Dein Schmerz, Deine Sehnsucht,

Sie sind DAS, was Dich so verletzlich,
so ehrlich, so einzigartig sein lässt

DU selbst

Zeit

Sekunden, Minuten, Stunden,
Tage, Wochen, Monate,
Jahre vergehen
Deine Zeit

Du bist mittendrin,
sie gehört nur Dir allein,
sie bestimmt Dein Tun, Dein Handeln,
Dein Denken, Dein Dasein.

Sie umgibt Dich,
lässt Dich sein,
hat Dich gemacht
zu dem Menschen, der Du bist!

Deine Zeit

Traum

Oder Wirklichkeit?
Du sagst, Du kommst zu mir,
Warum?
Ich träume Du bist da,
siehst hoch zu meinem Stern,
da bist Du, was soll ich tun,
lass es geschehen!

Du kommst zu mir, nur zu mir,
träume ich, will ich aufwachen?
Was dann?
Bist du da?
Bist du weg?

Nimm mich mit in Deine Welt,
halt mich fest,
nimm mich einfach so,
lass mir meinen Traum,
unseren Traum!

Leben, so wie er ist,
traumhaft!
Traum oder Wahrheit?
Wann kommst Du?

Sehnsucht

Eine Sehnsucht,
die da brennt in mir.
Deine warmen Augen,
Dein Lächeln, Deine Blicke,
Deine Stimme, Deine Nähe…

Sie streifen, sie streicheln mich,
berühren meine gläserne, frierende
Haut,
durch die Du hindurchzuschauen
vermagst.

Angst davor,
meine Schwachheit preiszugeben
Angst davor,
Mich zu verlieren an Dich
Angst
Vor Verletzung, Enttäuschung
Und falscher Hoffnung
Angst
Vor mir selbst und meinen Gefühlen!

Halt mich fest! – Bitte! –

Augen

So blau und einzigartig tief
Sie umarmen und umfangen mich
Als Ganzes

Ich kann nicht anders,
als in sie hineintauchen,
mich fallen lassen
in ihrem Strahlen.

Sie machen die Nacht zum Tag
Dein Blick,
ein einziges, großes, warmes,
allumfassendes Lächeln
So weich, so zart, so liebevoll,
so fühlend und sehend.

Ein Strahlen,
das mich einfach widerstandslos
in seinen Bann zieht.
Ich drohe, darin zu versinken
Und fühle mich so gut dabei.

Mir wird schwindelig!

Am Meer

Der Wind streift sanft
Meine Haut, mein Haar,
meine Seele, meine Gedanken,

fängt sie ein und trägt sie mit,
ich schaue ihnen nach,
Richtung Süden, weit weg, zu Dir,
siehst Du sie kommen?

Mein Herz, zwei Extra Schläge
im weiten Raum, braune Augen,
die so tief hineinschauen können
in mein Innerstes. Deine Augen

Ganz weit vorn,
hinten am Horizont
in der untergehenden Sonne
sehe ich sie strahlen!

Der Wind lässt nach,
das Meer wird ruhig,
nur diese, meine Sehnsucht
bleibt bei mir!

Feuer

Wie ein Feuer,
warm, zu heiß, unberechenbar,
nicht kontrollierbar, gefährlich
und vernichtend

so reizvoll, so hell, so verlockend
und anziehend
man will nur hineingreifen

Die Augen brennen,
doch Du kannst sie einfach
nicht geschlossen halten,
zu faszinierend ist das Spiel

Der Tanz der Flammen,
die Dich zu verbrennen drohen!

Begehren

Das Begehren
Das Verzehren
Die Sehnsucht
Sie schmerzen so sehr
Sie zerreißen Dein Innerstes

Deine Seele windet sich
Wie ein geschundenes Tier
An zwei Leinen

Die eine reißt Dich nach vorn
Wohin es Dich so magisch zieht
Die andere reißt Dich zurück
Mit großer Wucht dass Du immer
weiter immer tiefer fällst

Die Wunden an Deinem Hals
Sie bluten schon nicht mehr
Du spürst sie nicht
Sie schmerzen schon lange nicht mehr

Nur Dein Herz, das sich nicht befreien
kann, es weint vor Schmerz
Still und Einsam

Tiefes Gesicht

Konturen, feine Züge
Haut über Knorpel und Knochen
gespannt
Ganz individuell und einzigartig
Glatt, strahlend, farbig

Inmitten Dein Mund
Ein strahlendes Lächeln
Das umarmt und ansteckt
Frohsinn und Herz versprüht

Dein Gesicht – spricht es die Wahrheit?

Deine beeindruckenden Augen,
sie können nicht lügen
Die erlauben dem, der sehen kann
Einen erahnenden Blick in Dein
Inneres
Und lassen neben aller Wärme, Liebe,
lebensfrohem Optimismus
eine sorgenvolle Traurigkeit erahnen,
die ganz tief, verwundet und
umso mehr verletzbar
verborgen scheint

Dein tiefes Gesicht

Noch umso vieles interessanter,
geheimnisvoller und bestimmt
noch einzigartiger

Gehalten

Tiefe Sehnsucht
Meine Hände tragen
Sie schieben vorwärts
Sie stützen
Sie lenken
Sie wehren für andere ab
Sie streicheln
Sie berühren
Sie lenken ein
Sie geben und pflegen
Sie sorgen und sie schaffen
Sie opfern
Nahezu alles
Mich selbst!

Gleiches auch einmal erfahren
Eine tiefe Sehnsucht in mir:
Gehalten werden!

Umarmung

Deine Augen umarmen mich
Sie streicheln meine Seele
Blut fließt durch mich hindurch und
pulsiert
Leben
Dein Lächeln umarmt mich
Wärmt mein kaltes Herz
Es fängt an zu springen
Deine Stimme umarmt mich
Sie dringt ein um füllt mich
Genuss fällt plötzlich leicht!

Magnet

Du bist da,
ganz nah,
doch unerreichbar,
so verletzbar,
so reizvoll
unbedingt,
wie ein verbotenes Spiel!
Alles in mir greift danach,
wie von einem Magnet angezogen,
doch der Widerstand ist zu stark.

Du lächelst, traurig, entschuldigend,
wir dürfen nicht,
DU nicht, weil Du nicht kannst,
ICH nicht, weil ich Dir nicht wehtun
möchte.

Magneten
Eine unüberwindbare Spannung

Tanz

Gedanken kreisen immerfort
Schnell und unkoordiniert
Immer um die gleiche Mitte

Gefühle tanzen
Ganz vorsichtig nur

Angst aus dem Takt zu kommen
Doch sie tanzen allein um die Mitte
Die sich mit dreht, zuschaut,
vielleicht auch gerne tanzen würde

Sie steht fest, bewegungslos
Gedanken und Gefühle
Sie möchten weiter tanzen mit Dir

Bitte tanze mit mir
Halt mich
Führe mich

Ich werde Dich halten
Dich führen
In unserem Takt!

Vernunft

Sie tut so weh
Sie legt sich wie eine gläserne Zwinge
Um mein Herz
Es schlägt heftig und laut
Doch das Glas gibt nicht nach
Du schaust hindurch
Siehst ganz viel Licht und Wärme
Und Farben
Alles ist so nah und greifbar

Wo ist das Fenster
Wo ist ein Spalt
Durch den die Kraft des Herzens
Schlüpfen kann
Die Vernunft
In ihrer lähmenden Existenz
Als leere, gläserne Hülle
Zurück lässt

Auf ins Licht
In warme, farbige Licht
Zu Dir

Stumme Schreie

Ich höre es
Sie winden sich
Sie drücken mich
Sie stoßen und sie
Kämpfen sich aus mir heraus

Ganz hart ganz laut
So voller Schmerz
Explosionsartig massiv

Sie tragen solche Energie mit sich
Sie fliegen davon ins Unendliche
Und verhallen dort

Ich höre es
Ohne zu wissen
Ob sie dort angekommen sind

Nur ICH höre sie
Diese Schreie
Ganz laut und deutlich
Für mich

Ganz leise und stumm

Nicht wahrnehmbar
Für Dich
Für Andere

Hörst Du sie?
Bitte!
Hörst Du mich?
Bitte höre mich!

Meine Stummen Schreie
Verschluckt von der Stille
Die mich umgibt

Heimkehr

Im Zug nach nirgendwo
Jeder Kilometer in diese Richtung
Ist ein doppelter Weg von Dir weg
Doch ich kehre bald zurück
Weg von hier, wo nicht mein zuhause
ist
Ich gehöre nicht hierher
Alles ist so fremd obgleich bekannt
Mein Herz ruft laut nach Dir
Dorthin, wo meine Sehnsucht
Offene Arme findet

Am Horizont – Deine Augen
Sie folgen mir, sind immer nah
Sie behalten mich im Auge
Und ich spüre sie wohltuend
Und beschützend vor mir

Ich will zurück, zurück zu Dir
Mein Verlangen brennt
Mit einer Intensität
Erwartungsvoll und mit großer
Spannung
Ich komme bald zu Dir!

Gehen lassen

Du willst Nichts mehr, als……
Nur DAS, Nur DIESEN, Nur IHN

Und warum gerade ER nicht?
Er will nicht, er kann nicht!
Liebe, die so stark verbindet
Doch sie muss sich trennen.

Du wirst gezogen, eingekreist
Von Deinen Gedanken,
die Dich nur hindern,
Hindern, mich zu wollen,
mich zu lieben.

Ich bin da,
doch was hält Dich ab.
Es würde Dir helfen,
Dir gut tun,
dich heil machen.

Glaub mir, nur die Liebe
Nichts wäre besser,
sie kann tiefe Wunden langsam
schließen.

Wenn Du es nur zulässt,
ich müsste Dich nicht gehen lassen.
Du nimmst mein Herz mit!

Angst

Zu fallen
Zu verlieren

KANN NICHT
WILL NICHT
BIN NICHT

Aber MÜSSEN
Trotzdem müssen
Ich ersticke
An meinem eigenen Knoten!

Wo ist der Anfang?
Wo ist das Ende vom Knoten?
Scheinbar unlösbar!

Was LEBEN heißt für Andere
Ist ein Kampf für mich,
den ich immer wieder verliere!

Wofür soll ich kämpfen?

Deine Augen

Sie sprechen eine Sprache
Die nicht jeder verstehen kann

Dein Lachen

Es inspiriert den,
der in Deine Augen schaut

Deine Wärme

Sie wärmt den,
der Deine Nähe spürt

Dein Wesen

Es verzaubert den,
der Dich mit ganzem Herzen sieht

Wege

Wege,
die nebeneinander herlaufen
Wege,
die entgegengesetzt liegen
Wege,
die sich überschneiden
Wege,
die sich trennen
Wege,
die sich kreuzen
nicht einfach nur so!

Die Mitte
Eine Begegnung
Kein Zufall

Welchen Weg gehen wir weiter?
Gib mir Deine Hand und nimm meine!

Zauberer

Du bist da
Und alles wird anders
Helles Glitzern und Strahlen
Überall
Knistern und Funkeln
In jeder Zelle
Ein Glanz umgibt mich
Voll Wärme und Spannung
Elektrisiert und geladen
Ein Gefühl wie Fliegen
Und sich fallen lassen können
Ohne zu fallen
Verzaubert von Dir!

Feuer

Jede Faser meines Körpers lebt
Wie ein Feuer umgibst Du mich
Ganz nah, hell, heiß und voller Energie
Und ich verbrenne nicht!

Die Flammen streicheln mich
Zärtlich und behutsam
Ich will sie halten
Nach ihnen greifen
Will jede einzelne noch einmal
Sehen und spüren

Ich fühle, ich muss keine Angst haben.
Ein Gefühl, so unbeschreiblich.
Du bist in jeder Faser meiner Selbst
Und es soll niemals aufhören!

Für Dich

Wie der Wind
Sanft und behutsam
Streichelst Haut und Seele

Wie die Sonne
Intensiv und warm
Durchströmst jede kalte, tote Stelle
Und erfüllst sie mit Leben

Wie der Regen
Feucht und belebend
Weckst alle Zellen in mir und nährst sie
Gibst Kraft, Mut und Wachstum

Wie der Sturm
Plötzlich, heftig und bedingungslos
Wunderbar, unkontrolliert und
Mitreißend

Sieger

Es tut so gut
Und es ist verboten
Glück-
Eingesperrt in einen Käfig
Aus Regeln, Gesetzen und
Konventionen
Ein Herz
Scheinbar unerreichbar für mich

Warum darf das Gefühl nicht siegen
Es gewinnt fast immer der Verstand
Und die Vernunft

Mein sich sehnendes ICH
Bleibt voller Gefühl zurück
Kann seine Liebe nicht weiter schenken
Wie gerne würde ich sie DIR geben

Es ist verboten!

Sonnenstrahlen

Die durch mein Fenster dringen,
Im Versuch, meine Traurigkeit zu
vertreiben.
Ich weiß, dass sie von DIR sind.
Diese Helligkeit und Wärme
Die so gut getan haben.

Sonnenstrahlen,
die so tief eindringen konnten und ein
kleines Loch gebrannt haben.
Ein Loch, das Deinen Namen trägt
Und dass nicht einfach so wieder zu
füllen ist.

Aber Deine Strahlen
und Dein Zauber
Umgeben es
und lassen es als Einzigartig zurück.

Ich sehe nach vorn,
ein kühler, rauer Wind
schlägt mir entgegen.
Doch hinter mir
in meinem Nacken,

auf meinem Rücken
spüre ich noch immer die Sonne,
die mich wärmt.

Und trotzdem tut es weh!

Danke

In dieser rigiden Mauer
Die wenigen aber richtigen Steine
Finden!

Sie herausnehmen
Hindurchschauen
Mich erkennen

Auf die dunkle Seite dahinter
Einige warme Lichtstrahlen
Hindurch lassen
Und mir zurufen:
KOMM!

Das bist DU!

Hände

Halten, greifen, nehmen, geben,
weisen, führen, tragen, schützen.
Ihre Finger tasten sanft und zärtlich
Streicheln und berühren jede Zelle
In ihren Spitzen feinstes Gespür
Sie können alles mit elektrisierender
Spannung laden
Sie legen sich um Dein Ich
und geben unendliche Wärme und
Zuneigung
Sie lassen einen Blick ins Innere zu
und ziehen einander Magisch an

Plötzlich

Begegnung
Einfach so
Ein Augenblick
der länger dauert als gewöhnlich
Ein Lächeln
Das die Farben verwandelt
Augen
Die einladen
Auffordern es zu wagen
Blicke
Die umarmen und vertrauen
Voller spannender Sensibilität
Hände
Die berühren nicht nur Haut
Soviel Wärme
Öffnen sich zum Geben und
Empfangen
Du
Plötzlich ist alles anders und neu
Besonders und wunderschön

Momente

In denen der Himmel grau scheint
Bis ein Stern aufleuchtet
Nur ganz kurz
Und alles wird hell
Und sein Licht strahlt jedes Mal
Noch lange nach

Mein Stern

Gedanken

Immer wieder
Streift ein schöner Gedanke
An Dich mein Herz
Und lässt es kurzfristig
Schneller schlagen.....
Und ich lächele.....

Ich will nicht mehr!

Dieser elende Hunger in mir
Ich will ihn vernichten, ihn raus
schneiden
Und töten
Ich will ihn nicht mehr hören, spüren
Und fühlen müssen

Wie eine Sirene die in mir gellt
Und ich kann sie nicht stoppen

Lauter immer lauter und schriller
Und schneller und höher

Herausschneiden wenn ich es könnte
Ich sehe überall Stiche in meinem Leib
Und in der Mitte klafft ein großes
Loch
Es ist endlich raus, dieses riesige
Geschwür
In mir und ich fühle mich befreit

Ich spüre nichts mehr
Und es ist endlich gut!

Zärtliches Gefühl

Da ist ein zärtliches Gefühl
Hineinfallen ohne zu fallen
Du bist da und alles strahlt
Wärme – Zuneigung – Liebe
Überall
Alles ist so weich und rund
Ohne scharfe Kanten
Da ist ein zärtlicher Blick
Der alles andere so unwichtig werden
lässt
Zeit steht still und lässt mich
versinken
In einem zärtlichen Gefühl
Ein unendlich kostbares Geschenk
So unsagbar wertvoll
Du

Begegnung

Ein Tag wie jeder andere
Gewohnt, trist, keine Strahlen
Die durch Wolken dringen

Warten, Hoffen, Glauben, Angst
Dann stehst Du da und...

Himmel öffnet sich
Wolken verziehen
Machen der Hoffnung
Dem Glauben, der Lust,
dem Strahlen,
dem Leben in mir Platz

Breite meine Arme aus,
meine Hände, mein Herz
bereit für Dich!
Mein Glück – Meine Zukunft!

Immer Wieder

Ein Gedanke an Dich
Und es wird warm und hell

Momente, Bilder,
Empfindungen, Duft
Tauchen auf
vor meinem inneren Auge

eine warme, so vertraute Stimme
klingt in meinen Ohren

- Musik -

warme, weiche Haut, Lippen,
die mich berühren
und die ich berühre

ein Gefühl wie die Sonne....

Wurzeln

Die in die Erde hineinragen
Sich durch ein riesiges,
fruchtbares, nährstoffreiches,
wohl duftendes Erdpolster winden

Streben, Sehnen und Begehren
Nach jedem einzelnen Element
Unersättlich
In dem Wissen,
sich voll und ganz damit ausfüllen
zu können

Ein Gefühl von Einheit und
Faszination
Völligem Wohlgefühl

Fliegen

Ein Gefühl von unendlicher Freiheit
Schweben
Völlig schwerelos, doch den Boden
Unter sich wissend

Energien die beflügeln
Den Blick in jede
unendliche Richtung lenkend
und überall
strahlt warmes und helles
Licht!

Song

Blaue Hände – Eisefüße
Trotzdem spür ich diese Süße
Mein Herz es hüpft zu jeder Stund
Die Welt mit Dir ist einfach bunt
Könnt singen lauter immer zu:
DU ja DU

Magie

Ein Zauber
Kräfte, die sich ausbreiten
Bedingungslos,
Ohne Fragen
Ohne Widerstand
Ohne Aufhalten
Nur ein Ziel vor Augen
Hin zu Dir in die offenen Arme
Deiner Seele, die alles um armen
Eine Kraft, die ein unbändiges
Potential von Gefühl entfacht
Zauber, der Dich und mich umgibt
Und nichts ist mehr
Von Bedeutung und Schwere

Perlen

Die im Licht der Sonne
Strahlen
Glanz
Der sich wie Seide um dich
Schmiegt
Farben
Voller Kraft und Intensität
Die Dich zu dem machen
Der Du bist

Einzigartig und Besonders!

Ausdruck

Wörter über Wörter
Bilden Sätze über Sätze
Können nicht ausdrücken
Gefühle über Gefühle
Aneinander gereiht
Ohne Ordnung und System
Sind da ohne Anfang und Ende
Entsprungen in einer Mitte
Breiten sich aus in jede Richtung
Wörter über Wörter
Bilden Sätze über Sätze
Werden nie ausdrücken können
Die Gefühle, die ich fühle

Mit Dir

Lachen mit Dir
Ist so belebend
Reden mit Dir
Ist so beruhigend
Singen mit Dir
ist so erfreuend
Musik hören mit Dir
Ist so besinnend
Tanzen mit Dir
Ist so beschwingend
Gehen neben Dir
Ist so vertraut
Sex mit Dir
Ist so berauschend
Leben mit Dir
Ist so erstrebend
Einzigartig

Meine Sonne

Mein Herz
Es schlägt im Takt
Zu Deiner Musik
Meine Seele bewegt sich
Im Rausch Deiner Stimme
Meine Sinne
Sie richten sich
Deinen Strahlen entgegen

Meine Sonne

Im Mondschein

Sie sitze auf einem großen Felsen
Sicher und geschützt
Im mächtigen Ozean
Doch sie friert und sucht

Unter ihr bricht sich das Meer
Aus stillen Tränen an dem glatten
Stein
Und die Wellen tragen
Ihren stummen Gesang
Mit den Muscheln
An den Strand

Sie betten sich ein
In die Spuren im Sand
Die noch warm sind von Dir
und die Sonne lässt die Perlen
in ihnen aufblinken

Heimkehr

Eintreten
ins Reich Deiner Selbst
Empfangen
Von Helligkeit
Berieselt
Von blumigem Duft
Bestrahlt
Von wohliger Wärme
Umgeben
Von Vertrauen
Sich niederlassen
Auf Kissen der Geborgenheit
Besungen
Von Liedern der Liebe
Heimkehren

Auf dem Meer

Ein Meer von Sehnsüchten
Die sich winden im Strom
Von Gefühlen und Ängsten

Das unstillbare Verlangen
Zu spüren, die Nähe,
das Begehren, die Liebe

Wellen, die mich treiben und wiegen
In eine Richtung:
zum Horizont

Ein helles Licht
Voller Wärme
Und Geborgenheit

Mein Engel

Ein Stern am Himmel
Weit entfernt
Hell und ganz klein

Ich steh da
Und schau hinauf
Meine Arme reichen zum Himmel

Es scheint,
als berührte ich ihn
und das Licht durchströmt mich

doch was ich berühre
sind nur die Ausläufer
eines Lichtstrahls
den ich nicht greifen kann!

Sternschnuppe

Ein Stern am Himmel
Unter vielen einzigartig
Mein Blick hinauf
Und in der Stille
Der klaren, dunklen Nacht
Fällt sie herunter
Meine Sternschnuppe

Und die hellen,
glitzernden Funken Ihres Schweifes
lassen den ganzen Himmel
erleuchten
das helle Licht
dringt tief ein
und bleibt in mir!

Musik

Ein Rascheln über mir
Blätter die sich im Rhythmus
Des Windes bewegen
Und mir ein Lied singen

Ein Lied von Dir
Mein Herz nimmt alle Töne
In sich auf
Und fängt zu singen an
Und alles erscheint ganz leicht
Und erreichbar

Ein Märchen

Als Fenster zu Seele
Eine Wahrheit
Verborgen in uns allen
Gewachsen und geformt
Die Wurzeln mit der Erde verbunden
Erstrecken wir uns
Dem Licht entgegen
Getrieben von dem einzigen Wunsch
WIR SELBST zu sein

Weit weg

Und doch ganz nah
Weil,
meine Gedanken sind bei Dir
und eine Stimme tief in mir
sie flüstert Deinen Namen
zurückgehalten von Angst
getrieben von einer Sehnsucht
verzehre ich mich
nach Deiner Nähe

Unerreichbar

Warst Du für mich
Bist Du für mich
Wirst Du immer sein für mich

Meine Hand,
die nach Deiner Seele greift
greift ins Leere
und verkrampft sich

Umgeben von Nebel
Sehe ich Dich verschwinden
Und langsam wird der Himmel klar

Sehnsucht nach einem unerfüllten
Traum
Leb wohl

Abschied

Ein Schiff
Das den Hafen verlässt
Zu sehr ersehnt und gewünscht
Mit unbändigem Willen
Nach Erfüllung

Mein einstiger Traum
Er entfernt sich
Verschwindet am Horizont
Läuft einen neuen Hafen an
Zurück bleibe ICH

Nur meine Tränen
Die ins Wasser tropfen
Sie begleiten Dich
auf Deinem Weg ohne mich

Ich dreh mich um
Damit der Himmel meinen Schmerz
Nicht sieht
Denn sonst würde auch er weinen

Und die Sonne
Die Dir den Tag erhellt
Würde hinter Wolken
Verschwinden

Auf dem Weg

Bilder ziehen vorbei
Stimmen und Gedanken
verharren kurz
Und werden blasser

Ein Meer voll Farben wartet
Meine Schritte stark und fest
Mein Blick nach vorn gerichtet

Eine leise Musik in mir
Trägt mich zu Dir
Und ein Lächeln füllt meine Seele
aus...

Im Zug.....